Γκρίζο Κόκκινο

Γιώργος Χατζηγεωργίου

Γκρίζο Κόκκινο

Θεσσαλονίκη 2012

Κατασκευή Εξωφύλλου: Εκδόσεις Μέθεξις
Επιμ. Έκδοσης: Εκδόσεις Μέθεξις

© Copyright Εκδόσεις Μέθεξις 2012
Κεραμοπούλου 5, Θεσσαλονίκη ΤΚ 546 22
Τηλ. - Fax: 2310-278301
e-mail: info@metheksis.gr
www.metheksis.gr

ISBN: 978-960-6796-32-6

Απαγορεύεται η ολική, μερική ή περιληπτική αναδημοσίευση, αναπαραγωγή ή διασκευή του περιεχομένου του παρόντος βιβλίου με οποιονδήποτε τρόπο χωρίς γραπτή άδεια του εκδότη.

Αρ. Εκδόσης 43

Γκρίζο Κόκκινο

Ο Γ. Χατζηγεωργίου με την πρώτη του ποιητική προσπάθεια, από τις εκδόσεις Μέθεξις, έρχεται σήμερα να προστεθεί κοντά στις προηγούμενες παρουσιάσεις του κύκλου "Τέχνη και λόγος", που πλαισιώνουν το μωσαϊκό της λογοτεχνικής προσφοράς που παρουσιάζονται σε αυτόν τον χώρο.

Με το "Γκρίζο & Κόκκινο", ξεχωρίζει τις στιγμές που τον χάραξαν ως τώρα, σε δυο πρόσωπα σαν άλλος Ιανός, καθώς εμφανίζει σε ποιητικό προφίλ, ό,τι τον πονά, αλλά και ότι τον αναπαύει.

Σε δυο λοιπόν εικόνες αναγνωρίζουμε τον αγιάτρευτο πόνο της ψυχής του για την απώλεια αγαπημένου προσώπου σαν κατάθεση ενός μπουκέτου με μαραμένα λουλούδια, αλλά και σαν άλλος Φοίνικας ξαναγεννιέται μέσα από τις ξεχασμένες αγάπες των σιωπηρών κραυγών της σιωπής του.

Στις αναζητήσεις του ψάχνει ξανά το άρωμα του Μάη που αλώνει τις αισθήσεις, ταυτόχρονα όμως και τον ήλιο που για πάντα θέλει να δύσει, αφήνοντας ολόγυρα ένα γκρίζο τοπίο.

Διαπιστώνει την απουσία της γνώσης και της κρίσης, την ύπαρξη της άγνοιας, του στείρου λόγου δίχως ουσία.

Βγαίνει έξω από τον εαυτό του, καθώς πλανιέται εθελούσια προς το χάος, διάφανος στα μάτια των άλλων, σαν ύστατο μόριο του είναι του.

Αντιλαμβάνεται τον μεγάλο κρότο, μέσα στην εύγλωττη σιωπή.

Αισθαντικός και πορφυρός σαν άλλος Φαέθων του Σύμπαντος, αλώνει τα διαστήματα και πυρπολεί με την κόκκινη καρδιά του τον ουρανό.

Μπροστά στον αδυσώπητο καθρέφτη, συνομιλεί με το είδωλό του, ως άλλος Νάρκισσος και συγκατοικεί με τα φαντάσματα του παρελθόντος.

Οι αμετάκλητες ρυτίδες του του αρνούνται μια διατηρητέα νιότη.

Αλλά ως εδώ!

Στο ποίημά του "Σαϊτιά", ερωτικός όσο ποτέ, δεν προλαβαίνει κι απορεί για των ματιών της το χρώμα.

Λυρικός στον "Νυχτερινό του περίπλου", λάμνει στο ασήμι των αστεριών καθώς ξαγρυπνά σε νύχτες φεγγαρόφωτες.

Κι άλλοτε πάλι, φανταστικός προσκυνητής στις γειτονιές των ποιητών θα σεργιανίσει, κοινωνώντας τις ωδές μεγάλων Ελλήνων και Ρώσων αξεπέραστων δημιουργών, πλέοντας στην σχεδία που τον πάει στον ήσυχο Ντον, ανάμεσα στις στέπες της απέραντης χώρας της μοναξιάς του.

Φτάνει σ' ένα Φθινόπωρο, όπου :

Πουλιά που αποδημούν οι σκέψεις του σε γαλανά εσωστρεφή απογεύματα. Τί χάθηκε; Τί απόμεινε, Τί θα' ρθει; Φύκια που ξέβρασε ο νοτιάς κάτω από τ' άστρα.

Δύσεις με νήματα υγρά σφιχταγκαλιάζουν σε άχνινα πέπλα τη μουντή σελήνη. Ξαναδεσίματα που λύνονται... Το θέρος μακρυσμένο μας αποχαιρετούσε. Ψηλά θα ταξιδέψει ο αναθρώσκων σε αναθυμιές και προσδοκίες, που από μακριά θα γνέφουν ερωτικά...

Δ. Κύρου
Λογοτέχνης
Πρ. Πρόεδρος ΕΛΒΕ

Γκρίζο Κόκκινο

Στη Συλλογή ποιημάτων του Γιώργου Ζ. Χατζηγεωργίου ξεχωρίζεις μια ζωντανή αφήγηση, με σκέψη επηρεασμένη από ψυχικές τρικυμίες της ανθρώπινης συνείδησης, τόσο από τις προσωπικές εμπειρίες (θλίψη, οδύνη, σιωπή), όσο και από τα ερεθίσματα της κοινωνικής συμπεριφοράς, τα οποία αγγίζουν με ευαισθησία τον ψυχικό του κόσμο.

Με εκτίμηση
Γιάννης Μ. Σφακιανάκης
Εκδότης Βιβλίων - Συγγραφέας

Γκρίζο Κόκκινο

Λίγα Λόγια από τον Συγγραφέα

Η κάθε λέξη, ο κάθε στίχος, γεννήθηκε μέσα από κάποιο εσωτερικό ερέθισμα, το οποίο είναι άρρηκτα δεμένο από αντίστοιχες εμπειρίες μου, που προσπαθώ να τις μεταδώσω όσο μπορώ καλύτερα.

Πρόθεσή μου δεν είναι να προκαλέσω επιφανειακές συγκινήσεις και «μελό» καταστάσεις. Μέσα στους στίχους κρύβονται οι μνήμες, οι οδύνες, τα πιστεύω μου, και κάθε είδους συναισθήματά μου. Αν οι πιθανοί αναγνώστες ανακαλύψουν μέσα από αυτούς τους στίχους κάποιες αλήθειες, ας τις μοιραστούν μαζί μου.

Γ.Ζ.Χ

Περιεχόμενα

ΑΥΤΟΒΙΟΓΡΑΦΙΚΟ (1)	13
ΛΙΓΜΟΛΑΛΙΑ	15
ΜΙΣΕΨΕΣ	17
ΑΥΤΟΒΙΟΓΡΑΦΙΚΟ (2)	19
ΧΑΝΕΣΑΙ	21
ΑΠΑΝΤΟΧΗ	23
ΕΙΡΗΝΗ	25
ΑΤΙΤΛΟ	27
ΣΙΩΠΗ	29
ΑΝΑΖΗΤΗΣΕΙΣ	31
Μ. ΠΑΡΑΣΚΕΥΗ	33
ΡΕΚΒΙΕΜ	35
STELLA SMARRITO	35
ΑΠΟΣΤΑΣΗ ΑΝΑΠΝΟΗΣ	37
ΔΟΝ ΚΙΧΩΤΗΣ	39
ΚΟΚΚΙΝΗ ΜΕΔΟΥΣΑ	41
ΑΧΕΡΟΥΣΙΕΣ ΣΚΕΨΕΙΣ	43
ΘΥΜΗΣΕΣ	45
ΜΟΝΑΞΙΑ ΜΟΥ	47
ΑΚΟΥΣΕ ΤΟ	49
ΣΑΪΤΙΑ	51
ΝΥΧΤΕΡΙΝΟΣ ΠΕΡΙΠΛΟΥΣ	53
ΟΙ ΑΓΙΟΙ	55
ΟΥΤΟΠΙΑ	57
ΠΟΛΥΜΑΘΗΣ ΑΜΑΘΕΙΑ	59
Σ' ΕΥΧΑΡΙΣΤΩ	61

ΑΥΤΟΒΙΟΓΡΑΦΙΚΟ (1)

Έχω μία κόρη η συνέχεια της ζωής μου.
Είχα μία κόρη δίχως συνέχεια η ζωή μου.
Τόσα χρόνια και η πληγή μου ακόμα αιμορραγεί.
Παρ' όλο που ο χρόνος γιατρεύει.

ΛΙΓΜΟΛΑΛΙΑ

Απλόχερα υπομονή μου χάρισε η ζωή,
απλόχερα την πίκρα, την οδύνη.
Εγώ μονάχος, να πορεύομαι στη γη
και συ στο έρεβος στη δίνη.

ΜΙΣΕΨΕΣ

Δεν είναι το θάμπος του φεγγαριού
για το χλωμό της όψης σου,
μήτε η φονική κρύα νύχτα
αίτιο της παγωνιάς σου.
Αερικό δεν πήρε τη λαλιά σου
όλα μαζί σου πήραν την πνοή.
Και γω με κρινολούλουδα σε ραίνω,
που 'ναι τα δάκρυά μου.

ΑΥΤΟΒΙΟΓΡΑΦΙΚΟ (2)

Χιονισμένο τοπίο τα μαλλιά μου,
σκαμμένο από τις ρυτίδες το πρόσωπο μου
και ακόμη δε γνωρίζω την καρδιά των ανθρώπων.
Ακόμη δεν μπορώ να ξεχωρίσω
τι είναι ψέμα, τι είναι αλήθεια,
τον φίλο από τον εχθρό,
την αγάπη από τον φθόνο,
τον θύτη από το θύμα,
τον άνθρωπο από τον ανθρωποφάγο.

ΧΑΝΕΣΑΙ

Δεν βλέπεις, δεν ακούς;
Αβυσσαλέο χάος η ζωή,
ρήμαξε η αυλή μας.
Τα παιδιά τρομαγμένα
δραπετεύουν από το σήμερα,
γυρίζουν πάλι στο χθές.
Πόσο ακόμη θ' αντέξουμε
με τη ζωή σφιχτά δεμένη
στον πάσσαλο της ανοχής;

ΑΠΑΝΤΟΧΗ

Όσοι ανέχονται μια κοινωνία
που όλα τα έχει βρομίσει
ακόμη και το εαυτό της,
όσοι δε κοπιάζουν για να ξημερώσει
μια **καινούργια κοινωνία ελπίδας**,
ας αγνοήσουν αυτούς τους στίχους.

ΕΙΡΗΝΗ

Πώς να σε περιγράψω
μ' ένα στίχο,
πώς να χωρέσεις σ' ένα στίχο;
Αιμόφυρτη
Διάτρητη
Ειρήνη,
πώς να σε προστατεύσω
από τους ειρηνόφιλους φονιάδες;
Χωρίς πόλεμο που θα βρίσκουν τροφή οι ύαινες;

ΑΤΙΤΛΟ

Στοιχισμένος σε απόλυτη αρμονία με το τίποτα,
σέρνει το ακέφαλο κουφάρι του
στη στράτα μιας απατηλής ηδονής.
Διάφανος, να βλέπει τον εαυτό του
να τον βλέπουν και οι άλλοι,
πλανιέται εθελούσια προς το χάος
συντρίβοντας το ύστατο μόριο του είναι του.
Στην μοιραία πορεία,
ξεριζώνει από τη θέση της καρδιάς
την πλαστική καρδιά του
σιωπώντας ως άνανθο μνήμα.
Μέγας κρότος στην εύγλωττη σιωπή.
Ο ποιητής περνά - είναι παρών -
με ακέραιο σώμα
με το κεφάλι στη θέση του.
Στο ένα χέρι το φως
στο άλλο ένα στάχυ.
Μπροστά η καρδιά του
η κόκκινη καρδιά του, πυρπολεί τον ουρανό!

ΣΙΩΠΗ

Σώπα
δυνάμωσε τη στεντόρεια φωνή της σιωπής
φύλαξε την - εκεί -
στο βάθος της ψυχής σου.
Σκιάζονται τη γλώσσα των σιωπηρών κραυγών,
η εσωτερική Βοή ξεκουφαίνει,
αιφνιδιάζει, τους ανατρέπει.
Σώπα,
αν σ' ακούσουν θα πάρουν μέτρα
ο ήσυχος ποταμός είναι επικίνδυνος
θυμάσαι τον DON;
τον ήρεμο DON;
εκεί στη στέπα
στην απέραντη χώρα του μεγάλου ΙΛΙΤΣ.

ΑΝΑΖΗΤΗΣΕΙΣ

Αναζητώ το άρωμα του Μάη
που αλώνει γλυκά τις αισθήσεις,
τα λόγια που υμνούν τον έρωτα,
το άπλετο φως, το χρώμα.
Αναζητώ τον ήλιο που για πάντα
θέλει να δύσει.
Γκρίζο το τοπίο ολόγυρα
πώς να σου γράψω ένα στίχο;

Μ. ΠΑΡΑΣΚΕΥΗ

Παρασκευή
θλίψης, οδύνης, άκρατης σιωπής
μέρα ζώντων νεκρών
της αδικίας, της ανέχειας.
Είναι όλοι παρόντες
διάφανα σάβανα οι σκιές μας,
πληγωμένες φτερούγες τα όνειρα
- αιμορραγούν -
Παρασκευή
αναμονής, επιμονής, ανατροπής.
Γιατί σκιάζονται τη δύναμη
της καθωσπρέπει «ανύπαρκτης» ύπαρξής μας;
η ζωή εν τάφω;
το σκότος εν τάφω
η ζωή Ανέστη! φως παγκόσμιο φως!
Προσκυνώ τα Πάθη Σου Λαέ.

PEKBIEM
STELLA SMARRITO*

Άπλωσα το χέρι μου στον απέραντο θόλο
για έν' αστέρι, ένα φυλαχτό.
Μέ μάγεψε η αδαμάντινη λάμψη του.
Κρατώντας το στη διάφανη παλάμη μου,
ένιωσα την ολόγλυκια θέρμη του,
όμοια με το βρέφος στον κόρφο της μάνας,
τη νοτισμένη χλόη στην πρωινή ηλιαχτίδα
την αυγουστιάτικη ολόαστρη νύχτα.

Το τραγουδούσα, το νανούριζα
ο χρόνος γύριζε - γύριζε,
τροχός ευτυχίας - μικρή η διάρκεια -
ύστερα το γέρμα - η δύση -
παγωμένη νιφάδα - μάρμαρο στην κρύα νύχτα,
η πέτρινη χροιά του.
- Απλανές το βλέμμα -
χαμένο στις αστρικές ρούγες.-Ήσουν εσύ -

---

* Χαμένο αστέρι

ΑΠΟΣΤΑΣΗ ΑΝΑΠΝΟΗΣ

Μια σπιθαμή η σπορά
από τη μήτρα,
μια σπιθαμή η μήτρα
από τη ζωή,
μια σπιθαμή η ζωή
από το θάνατο.
-Μια σπιθαμή η λύτρωση-

ΔΟΝ ΚΙΧΩΤΗΣ

Αφού τη νιότη ρούφηξε
σαν μανιώδης πότης
ο ελεεινής μορφής ιππότης
σε μαύρο άτι ίππευσε ασθμαίνων
ως άλλος Δον Κιχώτης
χρόνων περασμένων.
Μάταια ψάχνει το χαμένο περιστέρι
αυτό ψηλά πετάρισε
και έγινε Αστέρι.
Στα ύστερά του χρόνια, γέροντα
τον είδα στη μοιραία στράτα
να καλπάζει, προς Αχέροντα.

ΚΟΚΚΙΝΗ ΜΕΔΟΥΣΑ

Με γυμνή τη ζωή μου,
πλανιέμαι στο παρόν, μ' ανάπηρες ελπίδες.
Το άρμα του χρόνου κύλησε,
σαϊτιά οι δείκτες -
Βιάζονται να προλάβουν το θάνατο.
Κοιτιέμαι στο σιωπηλό αδυσώπητο καθρέφτη
δεν ξέρω ποιός φταίει εγώ, ή αυτός;
το είδωλο μου σκούπισε το δάκρυ το ζεστό,
πριν ξεκινήσει το μακρύ δρομολόγιο
της μνήμης -
Γυρίζει πίσω, ολότελα πίσω
σαν το νόστο του ξενιτεμού.
Η εμμονή του στο πισωγύρισμα
μ' εξοργίζει με συντρίβει.
Αφόρητη η συγκατοίκηση με φαντάσματα,
ο μόνιμος χειμώνας μου,
οι αμετάκλητες ρυτίδες
αρνούνται μια διατηρητέα νιότη.
Μια κόκκινη μέδουσα στο πάτωμα -
σκυφτός με ματωμένα χέρια
μαζεύω τα θρύψαλα του καθρέφτη.

Γκρίζο Κόκκινο

ΑΧΕΡΟΥΣΙΕΣ ΣΚΕΨΕΙΣ

Ο ερχομός του
δεν με φοβίζει
ποτάμι πίσω
που δεν γυρίζει
θερμά μονάχα
παρακαλώ,
όταν θα έρθει
να είμαι εδώ.
Όταν ο χρόνος
σημάνει ΤΕΛΟΣ
από καρδιάς,
ομολογώ
πως με πληγώνει
που δεν θα βλέπω
όλα τα πρόσωπα
που αγαπώ.
Ο ερχομός του
δεν με φοβίζει
ποτάμι πίσω
που δεν γυρίζει
παρά μια μαύρη
ζωή πικρή,
κάλλιο του χάρου
η θαλπωρή.

ΘΥΜΗΣΕΣ

Θρονιάστηκαν
απρόσκλητες με περίσσιο θράσος
στα υπόγεια της ψυχής
πυρπολώντας τον ουρανό της σκέψης μου.
Αφόρητες
αέναες κραυγές περασμένων
χάσκουν σαν επιτύμβιες στήλες
υπονομεύοντας την ηρεμία της λήθης.
Πολυτάραχο
μακρινό ποτάμι χαμένων προνομίων
δίχως γυρισμό.
- Ω, νιότη η ανάμνησή σου μ' απελπίζει.

ΜΟΝΑΞΙΑ ΜΟΥ

Μοναξιά μου δεν είσαι μόνη,
έχεις παρέα
το γκρίζο σύννεφο, την καταιγίδα
και τον αγέρα
το βιολετί αγριολούλουδο
πάνω στη γη,
έχεις το χιόνι
που ηλιαχτίδα το πυρπολεί
το χρυσοπράσινο το ροδοκλώνι
είναι ακόμα
το νοτισμένο απ' τη βροχή,
έχεις το χώμα
παρέα τη θάλασσα
που απ' το δείλι αιμορραγεί.
Έχεις το θάνατο, μη σε φοβίζει
θα 'χεις σωθεί.

ΑΚΟΥΣΕ ΤΟ

«αν είναι η μουσική
τροφή του έρωτα μη σταματάτε»
- ΣΑΙΞΠΗΡ -
Σαν κελαηδεί το αηδόνι
μην το φοβίσεις
άκουσέ το -
Ψάλλει τον έρωτα
την ομορφιά,
τη χαρά.
Μην το αποδιώχνεις,
λόγια δικά μου σου λέει
λόγια διστακτικά,
μην το τρομάξεις και πεταρίσει
- άκουσέ το, άκουσέ με -

ΣΑΪΤΙΑ

Ω συ που κάρφωσες βαθιά
τη σαϊτιά της ηδονής στα σωθικά μου
που σαν το φίδι τύλιγες τη σάρκα σου
στη σάρκα τη δικιά μου
μείνε κοντά μου -
Τα ματωμένα χείλη σου ατέλειωτα φιλούσα
κι ολότελα τα χάδια μου στο σώμα σου
σκορπούσα -
πως έτρεμαν αρμονικά τα τορνευτά σου στήθη
αχόρταγα τα ρούφαγα σα διψασμένη τίγρη.
Κι όταν η φλόγα απ' τη φωτιά στο σώμα σου χτυπούσε
τί πλάνη - κεχριμπαρένιο ήταν, όμως αιμορραγούσε.
Δεν πρόλαβα, δεν μ' άφησες;
δεν ξέρω -
το χρώμα των ματιών σου για να δω
θαρρώ πως ήταν πράσινα
γαλάζια, σταχτί ή μωβ.
Ω συ που κάρφωσες βαθιά τη σαϊτιά της ηδονής
γύρισε πίσω -
τη δίψα την ακόρεστη του πόθου μου να σβήσω.

ΝΥΧΤΕΡΙΝΟΣ ΠΕΡΙΠΛΟΥΣ

Είναι νύχτες που το φεγγάρι
ξαγρυπνά -
λάμνει στο ασημί των αστεριών
χρυσώνει φυλλωσιές, νυχτολούλουδα,
στίλβει τις σκέπες.
Τρυπώνει απρόσκοπτα από τη χαραμάδα.
Μάτια πιτσιλισμένα με αιθαλώδεις λάμψεις
στο δωμάτιο μου -
Αποκαμωμένο γλιστρά νωχελικά
στην αγκαλιά της θάλασσας
τη λούζει, τη χρωματίζει.
Δεν κοιτιέμαι στον καθρέφτη ο αντιφεγγισμός
- με τρομάζει -

ΟΙ ΑΓΙΟΙ

Με τα φτερά της φαντασίας
ξεκινώ -
προσκυνητής σε ένα κόσμο
φωτεινό.
Στις γειτονιές των ποιητών
να σεργιανίσω -
το Θείο Λόγο τους σεβαστικά
να κοινωνήσω.
Του Μαγιακόφσκι την ωδή
για τον Ουλιάνωφ ψάλλω -
και στου Ελύτη το απόλυτο γαλάζιο
κολυμπάω.
Τον Επιτάφιο του Ρίτσου
με δέος ν' ακουμπήσω -
του Καζαντζάκη το Χριστό
σεμνά να προσκυνήσω.
Τη χέρσα του Σολόχωφ γη
να ξεχερσώσω -
και στου Σεφέρη την ξανθή
την άμμο να ξαπλώσω.
Και μεσ' το Αρχιπέλαγο
με ούριο αέρα -
τον Καββαδία τον ποιητή
θα έχω για παρέα.

ΟΥΤΟΠΙΑ

Θεέ εσύ που «έπλασες»
τα πάντα με σοφία
γιατί στο κόσμο άπλωσες
μια τόση δυστυχία;

Τα ορφανά τους γέροντες
τους πένητες ανθρώπους
άπονα εγκατέλειψες
σ' όλης της γης του τόπους.

Τους ισχυρούς και κραταιούς
πάντοτε προστατεύεις
κι από τους αδύναμους
υπομονή γυρεύεις.

Γιατί βλαστάρια της ζωής
απ' τους γονείς «χωρίζεις»
την πίκρα την αβάσταχτη
στα σπιτικά χαρίζεις;

Θεέ αν ήσουνα Θεός
έπρεπε να γνωρίζεις
πως τη ζωή πάνω στη γη
άνθρωπος την ορίζει.

ΠΟΛΥΜΑΘΗΣ ΑΜΑΘΕΙΑ

Γνώση και κρίση σε απουσία
μονάχα της άγνοιας η παρουσία,
ο λόγος στείρος δίχως ουσία
χρόνος χαμένος στην απραξία.
Δεν είν' ο χρόνος που δε γυρίζει
η πολυμαθής αμάθεια φοβίζει.
Ω στων κραυγών, τι αντοχή!
της ακοής μου η ανοχή.

Σ' ΕΥΧΑΡΙΣΤΩ

Σ' ευχαριστώ
που την απελπισία μου
την έκαμες ελπίδα
τη πίκρα μου ροδόσταγμα
Σ' ευχαριστώ
που στη φουρτούνα μου
έφερες νηνεμία
στη παραίτησή μου κουράγιο
Σ' ευχαριστώ
που την μοναξιά μου,
την γέμισες με οικογένεια
με παιδιά, εγγόνια,
που δεν μου τα δάνεισες
μου τα χάρισες
- κι εκείνα με αποδέχτηκαν -
Σ' ευχαριστώ.